ESSAI

SUR

LE CONTRAT SOCIAL

DUNE GRANDE NATION.

On trouve encore chez les mêmes Libraires les Ouvrages suivans du même Auteur :

Traité sur les Etudes.	1 fr. 25 c.
Le Guide du Fermier.	2 fr. 50 c.

De l'Imprimerie de P. N. ROUGERON, rue de l'Hirondelle, n.° 22.

ESSAI

SUR LE

CONTRAT SOCIAL

D'UNE GRANDE NATION.

PAR LÉOCADE DELPIERRE.

A PARIS,

CHEZ REY et GRAVIER, Libraires,
Quai des Augustins, N.° 55.

1815.

PRÉFACE.

IL n'y aura donc pas de si faible auteur qui ne se permette d'écrire sur la constitution des peuples, et de donner ses rêves pour ennuyer le public! De quel titre pouvez-vous vous recommander? quel emploi avez-vous exercé, dans l'administration de l'État, pour acquérir l'expérience nécessaire à la confection d'un contrat social? Ces observations m'ont paru très-fortes contre le système d'une personne qui, comme moi, ne connaît le monde que par l'histoire, et du profond de sa solitude. Mais après toute réflexion, j'ai aussi pensé qu'étant absolument inconnu, et sans aucune espèce de crédit, il ne résultait pas d'inconvénient que j'émisse publiquement ma pensée ; car si l'on trouve mon ouvrage dénué de jugement, très-peu de personnes me liront, et je ne dois pas craindre alors de faire naître de fausses idées sur la politique qui doit régir les nations.

On pourrait peut-être avec vérité reprocher à mon système d'être très-aristocratique. J'ai toujours pensé que ce principe, qui manquait aux constitutions dont la France a essayé depuis 1789, a été la principale cause qui les a rendues inexécutables. Comme dans la musique il faut des accords, dit dans quelque endroit un célèbre auteur, il faut, principalement dans les grands États des corporations, pour balancer les forces, les passions et les volontés, afin de leur faire produire une bonne harmonie. Je suis persuadé que c'est aux divers ordres de Mandarins que la Chine doit sa longue existence.

Il eût été dangereux, dans les premières années de notre révolution, d'avancer de pareils principes. La plupart des citoyens n'auraient vu que la pensée de les humilier, dans la création de divers ordres qu'ils auraient regardés comme supérieurs à leur état civil personnel. Aujourd'hui, je crois que nous avons acquis assez d'expérience pour faire taire notre amour-propre devant le bien-être de la patrie. Ne se trouverait-il point dans l'État de citoyens qui eussent des droits à être d'une classe plutôt que d'une autre? Pourquoi verrait-on de l'opposition, s'il fallait en faire l'objet du sort? Pourquoi donc, en l'estimant, n'imiterions-nous pas ce Lacédémonien, qui se réjouissait de n'avoir point eu de suffrage pour être sénateur, par la raison que cette exclusion lui prouvait qu'il y avait, dans la république, trois cents citoyens meilleurs que lui. Au reste, si l'on réfléchit, on verra, malgré la distinction positive de mes classes, indispensables peut-être pour satisfaire la vanité et modérer l'ambition, que tout se confond lorsqu'on exécute, et l'on ne sait quelle est la classe qu'adopterait, pour l'intérêt de ses enfans, un citoyen qui, ayant le choix, consulterait sérieusement sa raison.

On voit maintenant des princes posséder toute la puissance souveraine. Avec des armées on peut quelquefois s'en emparer ; mais le grand point, ce serait de la rendre perpétuelle. Le principe pour la former est souvent plutôt capable ensuite de la détruire que de la protéger. Je ne puis croire qu'un gouvernement absolu, établi par la force des armes, puisse aller à trois générations, sans catastrophes dangereuses pour le souverain. N'y a-t-il qu'une volonté simple, au lieu d'une volonté collective, il ne faut qu'un instant d'erreur pour tout renverser !

Qu'on ne croie pas que les St. Louis, les Louis XI, les Empereurs d'Allemagne et les Rois d'Angleterre, etc., des siècles passés, fussent des monarques absolus : la puissance féodale était une barrière au despotisme d'un seul, et si ces gouvernemens se sont maintenus plusieurs siècles, c'est que le peuple et les parlemens, dont les Rois s'appuyaient, produisaient, avec la puissance féodale, l'effet des corporations. A Dieu ne plaise que je veuille faire l'éloge de ces monstrueux gouvernemens ! Je veux dire seulement que les bonnes comme les mauvaises constitutions politiques, ne peuvent durer que par le contre-poids de plusieurs volontés qui, nonobstant quelques désaccords, tendent néanmoins à sa conservation. Nous sommes peut-être arrivés à ce point où tous les monarques de l'Europe ne sauraient trop réfléchir sur la rapidité des événemens, et sur la nécessité de donner à leur puissance un soutien moins capricieux que des armées, s'ils veulent qu'elle reste encore long-temps dans leur famille.

Le pouvoir exécutif, ayant la nomination des officiers de l'armée, des administrateurs et des magistrats civils, n'aurait-il pas tout le crédit et la puissance nécessaire pour s'attirer le dévouement du peuple, et n'être jamais contrarié dans l'exécution des lois? Les citoyens ayant également, dans la formation de ces mêmes lois, un concours puissant, et faisant d'ailleurs une primitive désignation des individus pouvant remplir des fonctions publiques, n'auraient-ils pas aussi assez de considération et de dignité pour empêcher que le dévouement du peuple ne devienne jamais funeste à la constitution ?

Je ne désirerais pas des emplois de judicature à vie : on doit mieux remplir son devoir, lorsqu'on a quelque crainte de perdre son état. Laissons seulement aux citoyens assemblés, qui ont été à même d'apprécier le mérite des magistrats, le pouvoir de renouveler ou plutôt de maintenir sans cesse le premier choix du pouvoir exécutif. Pourquoi ne le feraient-ils pas ? de grandes assemblées ne peuvent avoir intérêt à protéger un particulier plutôt qu'un autre, lorsque la voix publique ne lui fait point de reproche?

Un grand point dans les constitutions des peuples, c'est d'obtenir une grande force-armée qui ne soit point ruineuse, et qui ne puisse jamais avoir d'intérêt pour opprimer son pays. Dans les républiques de Sparte, d'Athènes et de Rome, la force publique, qui ne coûtait presque rien à l'Etat, était la réunion entière des forces particulières de chaque citoyen. Qu'il se forme en Europe, chez une grande nation, un gouvernement qui trouve le moyen d'obtenir constamment un aussi heureux résultat, les monarchies actuelles qui épuisent leurs pays de population et d'argent, pour former de grandes armées, sentiraient bientôt la faiblesse de leur constitution, s'il leur fallait jamais résister à tout l'effort d'une puissance vraiment nationale.

Cependant, comme tous les gouvernemens d'aujourd'hui ont des armées permanentes, une nation pourrait-elle se dispenser d'en avoir également pour la sûreté de l'Etat? Mais, dans la supposition contraire, ne lui suffirait-il pas d'avoir quelques légions de milice, pour résister, en cas de nécessité, au premier choc d'une agression étrangère? Et ne trouverait-elle pas à temps, pour les soutenir, une force suffisante dans des légions départementales: force qui approcherait d'autant plus du maximum de toutes les forces réunies des citoyens, que la constitution s'affermirait davantage?

C'est aux personnes qui ont l'habitude de diriger l'administration publique, de juger du mérite de mon travail et de mes observations. L'amour du bien et de l'humanité qui me l'a fait entreprendre a pu m'aveugler sur ma capacité. Mais je m'estimerais encore heureux, si je pouvais au moins faire naître à d'autres des idées dont il ne soit pas impossible de tirer quelque utilité.

ESSAI

SUR

LE CONTRAT SOCIAL

D'UNE GRANDE NATION.

Du Droit politique.

Art. 1. Tout homme né d'un citoyen est citoyen lui-même.

2. Est encore citoyen, le fils de la fille d'un citoyen, élevé dans l'état au moins depuis l'âge de dix ans.

3. Lorsqu'un citoyen passe en pays étranger, pour le service de l'Etat ou pour son commerce, après en avoir reçu la permission du

gouvernement, il ne perd pas ses droits politiques.

4. On peut devenir citoyen par dix années d'habitation sur le territoire de l'Empire.

5. On exerce les droits de citoyen à vingt-cinq ans.

6. Les citoyens qui remplissent des fonctions publiques, nécessitant l'abandon principal de leur état ou des déplacemens onéreux, ont droit à une indemnité.

7. Les citoyens peu fortunés qui ont rendu des services à la patrie, peuvent, sur la demande du gouvernement, obtenir des pensions du corps législatif. Leurs veuves et leurs enfans ont droit également à des secours publics.

8. Les fonctions, entre autres, de membres d'assemblées de commu-

ne, de canton et de département; celles de conseillers des diverses présidences administratives, sont purement honorifiques et se remplissent gratis.

9. Tout citoyen a le droit d'envoyer, comme externes, ses enfans aux écoles primaires tenues dans chaque commune; aux écoles secondaires tenues dans chaque canton, et aux écoles centrales tenues dans chaque département aux frais de l'administration publique, et qui sont les seules permises pour les hommes. Néanmoins on peut élever et instruire ou faire instruire ses enfans chez soi.

Auprès de chaque école publique, secondaire ou centrale, il doit exister un pensionnat où les écoliers, si les parens le désirent, doivent trouver les soins et la nourriture.

10. La liberté de la presse est permise; la critique l'est également, même à l'égard des actes des pouvoirs constitués; mais les calomnies sont punissables, ainsi que les écrits immoraux ou qui tendent à troubler le repos public.

Du Territoire.

11. Le territoire de l'Empire se divise par départemens, les départemens par cantons, et les cantons par sections, et celles-ci par communes. Les grandes villes se divisent par cantons et sections.

12. Une commune ne peut être composée de moins de trois cents ames. Tout village qui ne les comprend pas, est réuni avec un ou plusieurs pour composer une commune.

13. Les sections de ville ne peuvent être composées de plus de douze mille ames, ni de moins de huit mille; et les sections de canton de moins de vingt communes.

Des Conditions parmi les Citoyens.

14. Le corps politique, pour le bien de l'Etat et pour perpétuer, dans la nation, les noms de ceux de ses membres qui lui ont rendu de grands services, est formé de quatre ordres de citoyens: la pairie, la comterie, la chevalerie et la plébéie. Le pouvoir exécutif peut créer des marques de distinction en faveur également des citoyens qui ont rendu des services à l'Etat, mais elles ne sont qu'à vie et ne donnent aucun droit politique.

15. La pairie est appuyée sur un

majorat ou propriété en fond rural inaliénable, valant de revenu annuel environ le prix de mille à cinq cents hectolitres de froment. Le comté, sur une propriété d'une valeur moindre de moitié et aussi inaliénable; et la chevalerie, sur une propriété aussi également inaliénable, et d'une valeur moindre de moitié que la valeur de cette dernière.

On entend par la valeur d'un majorat, l'estimation faite au moment de sa création, décrétée par le corps législatif : estimation qui, pour ôter le moins possible de bien à l'ordre ordinaire des mutations et des héritages, doit être faite rigoureusement, mais une fois pour tout, sans égard au plus ou moins de valeur que peut apporter ensuite l'industrie.

16. Les majorats sont possédés par

les chefs de famille. Le possesseur de la pairie prend le titre de pair d'Empire ou de lord ; celui du comté, le titre de comte d'Empire ; et celui de la chevalerie, le titre de chevalier d'Empire.

17. La dénomination spéciale des majorats sert de prénom particulier à tous les membres de la famille.

18. Les cadets de pairie (on entend par cadets tous ceux qui ne sont pas chefs de famille), ont, dans les assemblées politiques, les mêmes droits que les comtes ; les cadets de comterie, les mêmes droits que les chevaliers ; et les cadets de chevalerie, les mêmes droits que les plébéiens actifs, s'ils ont leur domicile dans les départemens où sont les majorats de leur famille, et la fortune requise des plébéiens actifs pour être éligibles. Dans les autres lieux,

ils n'ont que les droits ordinaires de plébéiens.

19. Pour être plébéien actif, il faut n'être ni au service, ni au gage de personne, et posséder, pour être élu aux assemblées de canton et aux conseils de commune, un bien rendant à l'Etat, de contributions publiques ordinaires, au moins la valeur d'un hectolitre de froment, et une valeur quintuple pour être élu aux assemblées d'un ordre supérieur.

S'il ne se trouvait pas de citoyens payant des impositions aussi élevées qu'il vient d'être dit, on choisirait, pour chaque fonction à remplir, parmi trois des citoyens les plus imposés.

20. Les cadets de pairie et les comtes ne peuvent obtenir une pairie; les cadets de comterie et les chevaliers un comté; et les cadets de

chevalerie et les plébéiens une chevalerie, et devenir par conséquent les chefs d'une nouvelle famille (sans perdre néanmoins leurs droits civils et de parenté dans la famille dont ils ne sortent que par distinction politique) que pour d'imminens et signalés services rendus à l'Etat, ou en illustrant et honorant la patrie par des ouvrages célèbres et utiles.

Par rapport à la pairie, à la comterie et à la chevalerie, on entend par famille, et ordre, tous les citoyens qui, de mâle en mâle, tirent leur origine du premier citoyen qui a obtenu le majorat.

21. Lorsqu'un comte devient pair d'Empire, ou un chevalier comte d'Empire, leur majorat, attendu qu'aucun citoyen n'en peut posséder deux, passe à leur plus proche héritier collatéral de leur famille.

22. A défaut de mâle dans les familles, le domaine public est héritier du majorat, quel qu'en soit l'origine : c'est-à-dire, soit qu'il ait été primitivement donné par la nation, ou que le corps législatif ait permis qu'il fût formé sur le bien d'un particulier.

23. Les majorats seront répartis sur tout le territoire de l'Empire, et il n'y aura pas de section, soit de canton ou de ville, sans une chevalerie au moins et trois au plus ; de cantons, sans deux comtés au moins et quatre au plus ; et de départemens, sans deux pairies au moins et quatre au plus.

Des Assemblées politiques.

24. Lorsqu'une assemblée se réunit pour la première fois, et que son président n'est pas nommé, c'est sous la

présidence de son doyen d'âge, ayant pour secrétaire le plus jeune citoyen de l'assemblée; et sa première opération, ensuite, est la nomination du président et des secrétaires qu'elle veut se choisir. En assemblée de judicature, ou de conseil, on s'en tient au doyen d'âge pour présider.

25. Dans toute assemblée politique, la pluralité des voix emporte les suffrages, et s'il y a partage égal dans les voix, le côté du président a la priorité.

Cependant, excepté en assemblée de judicature et de conseil de présidence, l'égalité des voix n'est pas admise quand tout un ordre de l'Etat est opposant. Dans ce cas, on en réfère à l'assemblée immédiatement supérieure qui peut décider. L'opposition va-t-elle jusque dans le corps législatif? celui-ci en réfère à la prochaine session, et celle-ci à une autre, et successivement, à moins que le corps législatif ne veuille, à la simple pluralité des voix, passer à l'ordre du jour.

26. Un citoyen ne peut se faire représenter dans une assemblée politique.

27. Les plébéiens ne sont éligibles que dans le lieu de leur domicile, et les citoyens titrés que dans le lieu de leur majorat.

28. Aucune assemblée ne peut délibérer, si elle n'est libre et composée au moins de la moitié du nombre des membres accordés par la loi.

29. Les opérations inconstitutionnelles d'une assemblée doivent être annullées par une assemblée supérieure; comme les opérations d'un magistrat

par l'arrêté d'un magistrat, auquel il est subordonné.

30. Les conseils de commune, de canton et de département; les juges, excepté les remplaçans à cause de décès, entrent dans l'exercice de leurs fonctions au premier de janvier.

31. Les conseillers de présidence qui s'assemblent sur la réquisition de leur président respectif, ou sur celle d'un ordre supérieur, doivent aider, par leur avis, le président dans l'exercice de ses fonctions, et délibérer sur les affaires pressantes, hors de la compétence des présidens.

Des Assemblées de Commune.

32. Chaque commune ou section de ville forme tous les ans, le premier et le second dimanches de sep-

tembre, une assemblée générale, par la réunion de tous les citoyens actifs, pour délibérer, ayant pour président celui de la commune actuellement en fonction, sur les affaires qui peuvent concerner la commune, recevoir les comptes de son receveur des impositions, et le changer, ou renouveler sa nomination pour l'année suivante. Chaque commune est garante de son receveur qu'elle met sous la surveillance journalière de son président.

33. Le troisième dimanche de septembre, l'assemblée nomme son conseil de commune au nombre de sept membres, parmi lesquels le pouvoir exécutif, ou son procureur impérial près le tribunal de première instance, s'il le délègue, peut choisir le président.

Si le gouvernement désirait maintenir en fonction, pour l'année suivante, le président actuel de la commune, il en ferait donner connaissance à l'assemblée, par l'intermédiaire de son procureur impérial près le tribunal du canton, avant le troisième dimanche de septembre. Dans ce cas, il n'y aurait que six membres à choisir pour le conseil.

34. Le quatrième dimanche de septembre, après que les membres des trois premiers ordres de l'Etat se sont retirés, s'il y en a, l'assemblée de commune, pour son dernier jour de réunion, élit un député plébéien, domicilié dans la commune, par trois cents ames au moins, et six cents au plus, pour l'assemblée de canton.

35. Le président est chargé de

l'administration communale, et correspond principalement avec le président de canton, comme son supérieur. La nomination du secrétaire de la commune lui appartient, mais il ne peut le choisir dans les citoyens domiciliés hors de la commune, sans l'autorisation du conseil.

Des Assemblées de Canton.

36. Les citoyens des ordres de la pairie, de la comterie et de la chevalerie, et les députés plébéiens des assemblées de commune, forment, ayant pour président celui du canton actuellement en exercice, l'assemblée de canton.

37. Elle se réunit du premier dimanche d'octobre au second, c'est-à dire, pendant huit jours, pour délibérer sur les affaires qui peuvent

concerner le canton, faire la répartition par commune des contributions publiques; recevoir les comptes de son receveur de ces mêmes contributions, et renouveler sa nomination ou le changer pour l'année suivante. Chaque canton est garant de son receveur, et il le met sous la surveillance journalière de son président.

38. Le troisième dimanche d'octobre, l'assemblée de canton se réunit de nouveau : elle choisit d'abord le juge de paix d'une des sections de canton, dans laquelle le renouvellement est le plus ancien. Ensuite, trois candidats, parmi les citoyens domiciliés dans le canton, par juge à remplacer dans son tribunal de première instance, et sept de ses membres pour former le conseil de can-

ton, parmi lesquels le pouvoir exécutif peut choisir le président.

A l'egard des juges, elle peut, au bout des années révolues pour lesquelles ils ont été commissionnés, les maintenir dans leurs fonctions pour un temps encore égal. Dans ce cas, il n'y a point de candidats à choisir.

Si le gouvernement désirait maintenir en fonction, pour l'année suivante, le président actuel du canton, il en ferait donner connaissance à l'assemblée, par l'intermédiaire de son procureur impérial près le tribunal de première instance, avant le troisième dimanche d'octobre. Dans ce cas, l'assemblée n'aurait que six membres à choisir pour le conseil.

39. Le lundi qui suit immédiatement le troisième dimanche de no-

vembre, les pairs et les comtes, s'il y en a, ayant quitté l'assemblée qui se réunit pour la dernière fois, elle se divise en deux chambres; celle des chevaliers, y compris les cadets de comterie; et celle des plébéiens, y compris les cadets de chevalerie. La première nomme six députés, et la seconde quinze, parmi lesquels il ne peut y avoir plus de six députés cadets de chevalerie pour l'assemblée de département.

40. Le président est chargé de l'administration publique, et correspond principalement avec les présidens de commune, comme étant ses inférieurs, et avec le président du département, comme étant son supérieur.

41. Le président nomme le secrétaire de la présidence et les em-

ployés de son bureau, mais il ne peut choisir le secrétaire que parmi les citoyens domiciliés dans le canton.

Des Assemblées de Département.

42. Les citoyens de l'ordre de la pairie, les comtes et les députés de l'assemblée de canton, composent l'assemblée de département, ayant pour président celui du département actuellement en exercice. Cette assemblée se réunit du premier dimanche de novembre au troisième, c'est à-dire, pendant quinze jours.

43. Elle examine les comptes de son receveur des contributions publiques, dont elle est garante et qu'elle met sous la surveillance journalière de son président, le maintient ou le renouvelle pour l'année

suivante. Elle nomme, si elle ne veut continuer encore, pour cinq ans, le juge dans ses fonctions dont le terme va expirer, trois candidats par place vacante dans le tribunal criminel du département. Elle arrête le traitement honorifique qu'elle veut donner à ses députés au corps législatif, le traitement des juges du tribunal criminel, le montant des dépenses pour l'entretien des petites routes de traverse dans le département, pour l'entretien de la présidence et de ses bureaux, de l'école centrale, et pour tous autres objets à la charge particulière du département, sans néanmoins que toutes ces dépenses, arrêtées par elles, puissent jamais s'élever au-delà de vingt-cinq centimes par franc des contributions publiques, ordinaires et directes, décrétées par le corps législatif pour les dépenses de l'Etat.

Elle accorde aux assemblées de canton les dépenses pour le traitement des juges de paix et de première instance, pour l'entretien de leurs tribunaux, de l'école secondaire, de la présidence du canton et de ses bureaux, sans néanmoins que toutes ces dépenses puissent s'élever au-delà de dix centimes par franc des contributions publiques, ordinaires et directes.

Elle accorde, aux assemblées de commune, les centimes additionnels qu'elles lui auraient fait demander par délibération de l'assemblée de leur canton respectif, pour l'entretien des présidences de commune, des chemins vicinaux, des écoles primaires, des gardes champêtres, du culte public, et pour tous autres objets d'usage et indispensables au bien-être des communes, sans néanmoins que toutes ces dépenses réunies puissent s'élever à plus de vingt-cinq centimes par franc des contributions publiques, ordinaires et directes.

Enfin elle délibère, en général, sur les affaires qui peuvent concerner le département, et principalement sur celles dont elle veut faire la demande au corps législatif. Elle nomme sept de ses membres pour former le conseil de département, parmi lesquels le pouvoir exécutif peut choisir le président.

Si le gouvernement désirait maintenir en fonction, pour l'année suivante, le président actuel du département, il en ferait donner connaissance à l'assemblée, par l'intermédiaire de son procureur impérial près le tribunal criminel, avant le premier dimanche de novembre. Dans ce cas l'assemblée n'aurait que six membres à choisir pour le conseil.

44. Le troisième dimanche de novembre, l'assemblée de département, qui se réunit pour la dernière fois, se divise, après que les pairs se sont retirés, en trois chambres : celle des comtes et des cadets de pairie; celle des chevaliers et des cadets de comterie; celle des plébéiens et des cadets de chevalerie. La première nomme d'abord un membre pour la chambre des pairs, la seconde un membre pour la chambre des députés, et la troisième trois membres aussi pour cette dernière chambre, parmi lesquels il ne peut

y avoir moins d'un cadet de chevalerie, ni moins d'un plébéien.

45. Le président du département est chargé de l'administration publique, et correspond principalement avec les présidens de canton, comme étant ses inférieurs, et avec les ministres et le pouvoir exécutif, comme étant ses supérieurs.

46. Le président nomme le secrétaire de la présidence, et tous les employés de ses bureaux ; mais il ne peut choisir le secrétaire que parmi les citoyens domiciliés dans le département.

Du Corps législatif.

47. Le corps législatif, qui fait ou révoque les lois de l'Etat, autres que les changemens à la constitution, qui ne peuvent être décrétés que par une convention formée de manda-

taires particuliers de la nation, est composé de la chambre des pairs et de la chambre des députés.

48. Il s'assemble tous les ans le 1.er de janvier dans le Palais du corps législatif, et tient ses séances jusqu'au 30 mars suivant, à moins de cas extraordinaires.

49. Une chambre ne peut délibérer, si les deux chambres ne sont en activité.

50. Les décisions des chambres s'appellent décrets.

51. La chambre des pairs est composée des pairs de l'Empire, et des comtes et cadets de pairie députés par les assemblées de département. Ces derniers sont nommés pour deux ans; de sorte que la moitié de leur nombre, dans la chambre des pairs, est renouvelée annuellement.

52. Les Princes, membres de la famille impériale, sont de droit pairs d'Empire, et dans leur apanage il doit se trouver le majorat d'une pairie.

53. La chambre des députés est composée des députés des assemblées de département, qui sont nommés pour deux ans, et qui sont renouvelés par moitié toutes les années.

54. Aucun membre du corps législatif ne peut être mis en jugement, en matière criminelle, que d'après un décret de la chambre à laquelle il appartient.

55. Les lois sont proposées par l'Empereur à la chambre des députés, ainsi que la demande pour les impôts publics directs qui se prélèvent sur les revenus des immeubles et sur le mobilier, et dont la répartition se fait par département, et les

impôts indirects qui se prélèvent sur différens comestibles, sur les entrées et sorties de diverses marchandises, et dont la direction et le prélèvement sont confiés au pouvoir exécutif.

56. La chambre des députés peut faire des amendemens aux lois présentées par le pouvoir exécutif: alors elle les lui renvoie, et s'il approuve les modifications, le projet de loi n'a plus besoin que de l'agrément de la chambre des pairs, à laquelle il doit être adressé dans le délai de quinzaine, autrement il serait regardé comme non avenu.

57. La chambre des pairs approuve ou rejette les projets de loi décrétés par la chambre des députés.

58. Les chambres du corps législatif, sur la demande du pouvoir

exécutif ou sur la motion d'un de leurs membres, peuvent se former en comité secret ; mais elles ne peuvent décréter que publiquement.

59. Le corps législatif décrète les dépenses pour chaque service de l'Etat, et reçoit, dans la première quinzaine de mars, l'état des versemens faits par les directeurs du trésor public, et les comptes des dépenses que rend le pouvoir exécutif, par l'intermédiaire de ses ministres.

60. Le corps législatif décide des causes dont les jugemens ont été cassés deux fois par le tribunal de cassation.

61. Au corps législatif appartient le droit de ratifier les traités avec les puissances étrangères, et de faire, sur la proposition du pouvoir exécutif, les déclarations de guerre.

Si ces déclarations étaient urgentes, et que le corps législatif ne fût pas assemblé, le pouvoir exécutif est tenu de le convoquer dans le plus bref délai.

62. Le corps législatif nomme, parmi des citoyens étant ou ayant été au moins membres d'assemblées de département, trois candidats par place vacante dans le tribunal de cassation, et trois candidats pour remplacer annuellement le plus ancien des cinq directeurs du trésor, et il soumet au pouvoir exécutif le choix du membre à élire.

Du Pouvoir exécutif.

63. Un Empereur héréditaire, et tiré d'une famille par droit de primogéniture de mâle en mâle, gouverne et inspecte toutes les parties de l'Etat,

dirige la force-armée pour la sûreté générale, emploie les fonds publics pour l'entretien des troupes, de la marine, des grandes routes, des forteresses, des fonctionnaires du pouvoir exécutif, et pour tous autres objets spécifiés par le corps législatif, et dont l'utilité peut concerner toute la nation.

64. Il nomme le secrétaire d'Etat, et les cinq ministres, de la guerre, de la marine, de la justice, des finances et des relations intérieures et extérieures; les conseillers d'Etat les généraux et amiraux, les lieutenans-généraux et sous-lieutenans-généraux, les vices-amiraux, et les inspecteurs des armées, parmi les citoyens étant ou ayant été au moins membres d'assemblées de département; et les autres magistrats civils

et officiers inférieurs de l'armée, parmi les citoyens étant ou ayant été au moins membres d'assemblées de canton.

65. Aucun acte du gouvernement ne peut avoir d'exécution qu'après avoir été enregistré par le secrétaire d'Etat, et contre-signé par un ministre.

66. La personne de l'Empereur seule, dans l'Etat, est inviolable; mais les ministres répondent de tous les actes dont l'exécution dépend de leur ministère.

67. Le conseil d'Etat, que l'Empereur peut présider ou faire présider par un ministre, est composé au plus de cinq membres par chacun des cinq ministères. Il forme, lorsqu'il se divise, cinq comités dont chacun a son vice-président, afin de

préparer les projets de lois à présenter au corps législatif.

68. Lorsque l'Empereur commande en personne les armées, il doit nommer une régence pour gouverner l'Etat, composée de cinq membres, y compris le président, choisis parmi les citoyens étant ou ayant été au moins ministres ou membres du corps législatif.

69. L'Empereur est majeur à dix-huit ans. S'il était mineur, la régence serait nommée par le corps législatif, ayant pour président le Prince le plus proche parent paternel du mineur.

70. A l'Impératrice appartient la tutelle de ses enfans, si leur père n'a décidé le contraire par un testament.

71. Le centre du pouvoir exécu-

tif doit toujours être dans le lieu où le corps législatif tient ses séances, et si l'Empereur l'a quitté pour commander les armées, il peut y être rappelé par le corps législatif, si la guerre se fait en pays étranger.

72. L'Empereur peut accorder la grace aux personnes condamnées à des peines infamantes ou capitales.

73. Les revenus de l'Empereur, pour subvenir aux dépenses de sa maison particulière, civile et militaire, consistent en trois cent mille francs qu'il reçoit du trésor public par million d'habitans qu'il gouverne, et en domaines inaliénables de la couronne, d'un produit, suivant l'estimation faite lors de l'établissement de la constitution, égal à six mille hectolitres de froment aussi par million d'habitans dans l'Empire.

74. Il peut en outre posséder des biens patrimoniaux, mais dont hérite à son décès le trésor public; à moins qu'il n'en ait disposé par donation entre-vifs; pour des citoyens ou pour l'apanage et la dot de ses enfans puînés.

Des Procédures.

75. Dans tout procès l'instruction et le prononcé du jugement doivent se faire en audience publique.

76. Le gouvernement choisit annuellement, parmi les juges, qui en première instance et en cause criminelle sont nommés pour cinq ans, le président du tribunal et un vice-président par section.

77. Au président appartiennent la police du tribunal et la nomination du greffier, et du vice-greffier pour

remplacer celui-ci en cas d'absence, et qu'il choisit parmi les citoyens ou les huissiers ordinaires qui donnent les assignations et font exécuter les jugemens.

78. Le gouvernement entretient, auprès de chaque tribunal, excepté en justice de paix, un procureur impérial et autant de vice-procureurs impériaux qu'il y a de sections.

79. Les procureurs impériaux, dans toutes les causes, plaident pour l'intérêt public, et prennent des conclusions concurremment avec les procureurs des parties dont l'organisation est réglée par le corps législatif, et de plus, ils peuvent les faire relater à côté des jugemens, sur les registres des causes jugées. En conséquence les parties ne peuvent se dispenser, s'ils le requièrent, de leur

leur communiquer les pièces du procès.

80. Les procureurs impériaux doivent, conformément au Code civil, s'intéresser au sort des mineurs et des insensés, et lorsqu'ils connaissent des crimes, soit par eux-mêmes, soit par la voix publique, soit par la connaissance que leur en ont donnée les divers présidens des administrations civiles et des tribunaux, lancer des mandats d'arrêts, faire saisir les coupables par la gendarmerie ou les citoyens, et demander au président du tribunal ou au juge de paix, que le coupable soit interrogé au plus tard dans les vingt-quatre heures de son arrestation en leur présence.

81. Tout interrogatoire que fait

le juge, avant l'audience publique, doit être à l'instant inscrit sur le registre du greffe.

De la Justice de paix.

82. Il y a un tribunal de paix par section de canton.

83. Les juges de paix, dont les fonctions durent autant d'années qu'il y a de sections dans le canton, appellent, dans toutes les affaires civiles, les parties à comparaître, les concilient, s'il y a lieu, ou dressent le procès-verbal de la non-conciliation pour être renvoyé devant les tribunaux supérieurs.

84. Il juge en premier ressort les affaires de police correctionnelle, pour lesquelles on ne peut infliger une peine de plus de trois jours d'emprisonnement, ni une amende

de plus d'une valeur égale à deux hectolitres de froment, ou dont les dommages et intérêts, pour le délit, ne s'élèveraient pas à plus d'une valeur égale à cinq hectolitres de froment.

85. Dans les causes criminelles ou de police correctionnelle, le juge de paix, si ne l'a fait le procureur impérial, peut aussi faire amener les coupables devant lui, les interroger et renvoyer l'expédition de son procès-verbal au tribunal qui doit en connaître.

Des Tribunaux de première instance.

86. Il y a un tribunal de première instance par canton, composé d'une ou de plusieurs sections, suivant l'importance du lieu.

87. Les tribunaux de première instance jugent en premier ressort les causes que n'ont pas conciliées les juges de paix, et les causes de police correctionnelle hors de la compétence de ces dernières justices.

Des Tribunaux criminels.

88. Il y a un tribunal criminel par département, composé d'une ou de plusieurs sections, suivant l'importance du lieu.

89. Le tribunal criminel juge en appel de tous les jugemens de police correctionnelle rendus par les justices de paix, et les tribunaux de première instance, les confirme, les modifie ou les change suivant les nouvelles lumières qu'il peut avoir acquises.

90. Dans les causes criminelles il ne fait, après avoir instruit la procédure et posé les questions, qu'appliquer la loi, lorsque douze jurés choisis parmi les citoyens domiciliés dans le département, et suivant le règlement décrété par le corps législatif, ont reconnu la véracité du fait.

Des Tribunaux d'appel.

91. Il y a un tribunal d'appel, pour les affaires civiles, par cinq départemens au plus et trois au moins, composé d'une ou de plusieurs sections suivant l'importance du lieu, chacune de huit membres, pour confirmer, modifier, ou changer, suivant les nouvelles lumières qu'ils peuvent avoir acquises, les

jugemens en matières civiles rendus en première instance.

92. Les juges des tribunaux d'appel sont choisis par le gouvernement parmi les juges de première instance, mais sans en pouvoir tirer plus d'un d'un même canton.

93. Les juges d'appel, outre leur traitement comme juges de première instance, reçoivent pour le temps de leurs fonctions au tribunal d'appel, un traitement supplémentaire du trésor public.

Du Tribunal de cassation.

94. Le tribunal de cassation, dont les membres sont à vie, se divise en quatre sections de dix membres chacune; deux pour le civil, une

pour le criminel, et une pour la police correctionnelle.

95. Le tribunal de cassation annulle ou confirme tous les arrêts des tribunaux, mais sans autres considérations que la simple violation de la loi ou des formes voulues par la loi.

96. Dans le cas d'annullation, il renvoie les parties par-devant les tribunaux les plus voisins de ceux qui ont rendu les premiers arrêts.

97. Le tribunal de cassation, réuni au nombre au moins de trente-deux membres, juge, dans les causes de lèse-nation, et sans appel, les membres du corps législatif, les ministres, les généraux et amiraux, les membres du trésor public, que le corps législatif aurait décrétés d'accusation.

Sûreté intérieure.

98. L'état entretient un régiment de gendarmerie par division militaire ou par ressort du tribunal d'appel, pour la tranquillité et la sûreté intérieure de l'Etat. Ces régimens, dont le gouvernement peut disposer de la moitié pour l'armée active en cas de guerre, sont choisis parmi les citoyens qui se sont le plus distingués dans les milices de l'Empire. Il en séjourne une compagnie au moins par département, une brigade par canton, et un détachement de deux hommes au moins par section de canton.

99. La gendarmerie ainsi que les citoyens des légions et les gardes champêtres peuvent, lorsque la tranquillité publique est troublée ou me-

nacée de violence, être requis principalement par les procureurs impériaux et par les présidens des diverses administrations civiles ou des tribunaux.

Sûreté des Frontières.

100. L'armée pour la garde des frontières est composée des milices de l'Empire et des légions départementales.

101. La milice est composée pour l'infanterie par légions de deux bataillons, chacune de six cents hommes, et pour la cavalerie par régimens de deux escadrons, chacun de trois cents hommes.

102. Il y a trois légions de milice et deux régimens par million d'habitans dans l'Empire. Il y a une légion départementale par canton.

103. A la milice composée, excepté les officiers et à défaut de volontaires, de citoyens de l'âge de vingt à vingt-cinq ans, est confiée en temps de paix la garde des forteresses et la sûreté des frontières.

104. Tous les citoyens de vingt-cinq à quarante ans, et les citoyens plus jeunes qui n'ont pu entrer dans la milice, composent les légions départementales, qui ne reçoivent de paie qu'en activité de service, et qui ne doivent servir, qu'en cas d'invasion de la part de l'ennemi sur le territoire de l'Empire.

105. Dans les villes, le pouvoir exécutif peut ordonner que les citoyens des légions, habitans dans la commune, feront tour à tour le service militaire de la ville, pour y maintenir le bon ordre.

106. En cas de dangers imminens, et lorsque l'ennemi a dépassé les frontières et paraît garder l'offensive, on peut former des légions cantonnales de vétérans, composées de citoyens de l'âge de quarante à soixante ans.

107. La discipline de l'armée, de la marine, de l'artillerie, et les emplois militaires, sont soumis à des réglemens particuliers du pouvoir exécutif, approuvés par un décret du corps législatif.

FIN.

TABLE.

FIN DE LA TABLE.

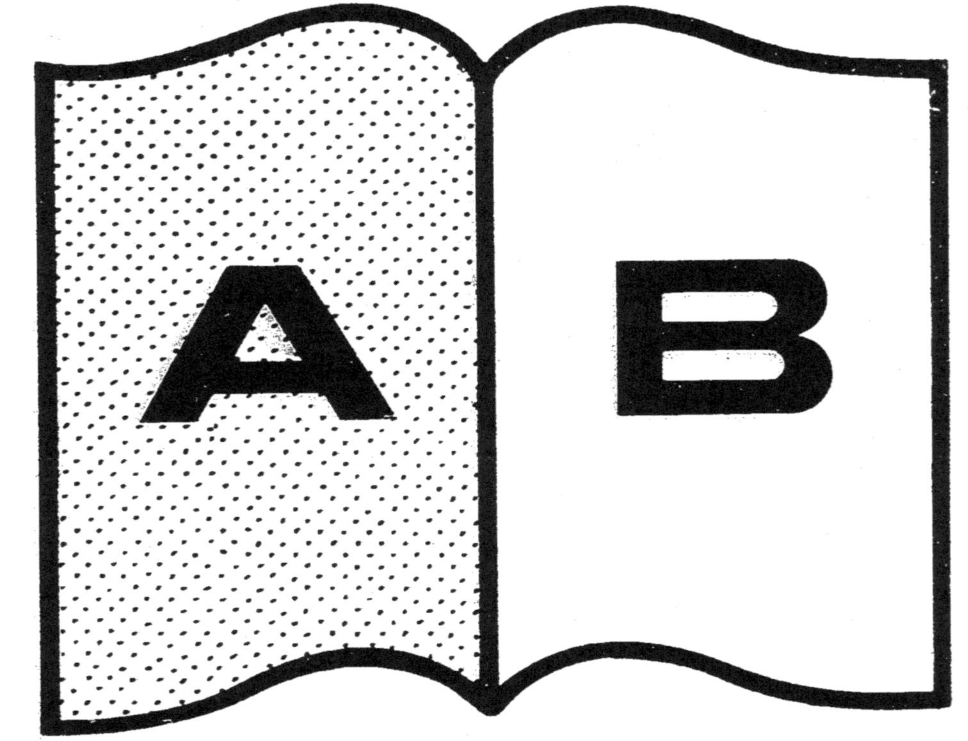

Contraste insuffisant

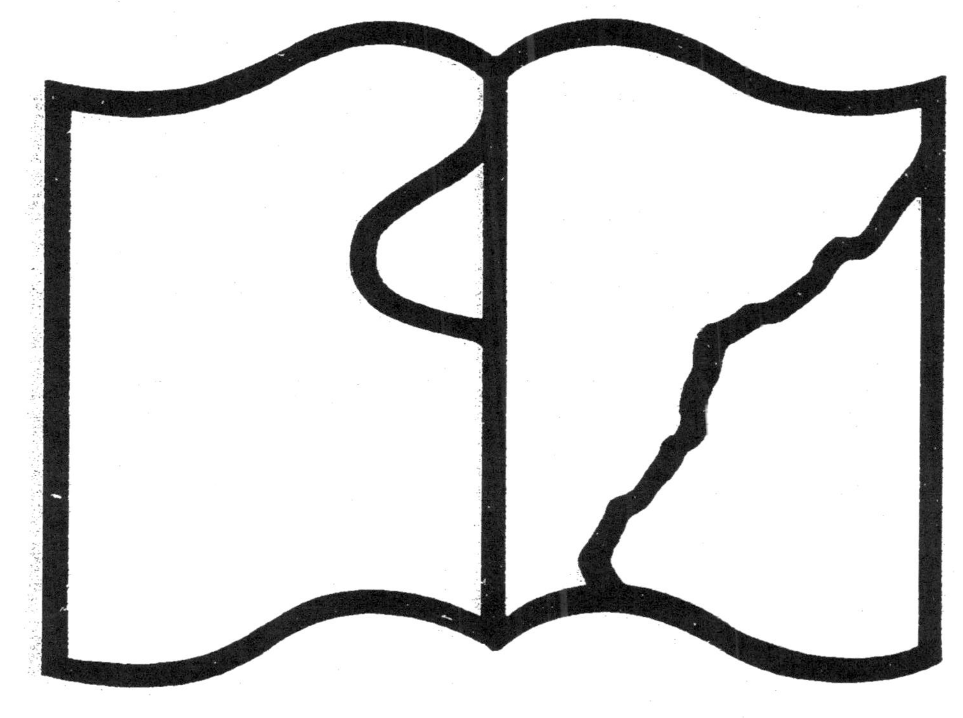

Texte détérioré — reliure défectueuse

www.ingramcontent.com/pod-product-compliance
Lightning Source LLC
LaVergne TN
LVHW010034230826
846091LV00005B/1691

* 9 7 8 2 0 1 3 2 7 4 3 9 5 *